¡VIVA LA TIERRA!
LOS GÉISERES

POR SARA GILBERT

CREATIVE EDUCATION • CREATIVE PAPERBACKS

Publicado por Creative Education y Creative Paperbacks
P.O. Box 227, Mankato, Minnesota 56002
Creative Education y Creative Paperbacks son
marcas editoriales de The Creative Company
www.thecreativecompany.us

Diseño y producción de Chelsey Luther
Dirección de arte de Rita Marshall
Traducción de Victory Productions, www.victoryprd.com
Impreso en los Estados Unidos de América

Fotografías de Alamy (Inge Johnsson), Dreamstime (TMarchev, Minyun
Zhou), Getty Images (Daniel Viñé Garcia, Izzet Keribar, Michael Melford,
Bryan Mullennix, Westend61, Franz Wogerer), iStockphoto (arianarama,
bennymarty, Riishede, Sergey_Krasnoshchokov), Spoon Graphics (Chris
Spooner)

**Información del Catálogo de publicaciones de la Biblioteca
del Congreso** is available under PCN 2017935655.
ISBN 978-1-60818-943-4 (library binding)

9 8 7 6 5 4 3 2 1

Imágenes de portada: ***Géiser Fly, Nevada (arriba); fuente termal,
Parque Nacional Yellowstone (abajo)***

TABLA DE CONTENIDO

Esperando por el agua 4

Agua en ebullición 7

Magma al rojo vivo 10

Guía sobre géiseres 15

Lugares calientes 16

Géiseres famosos 19

Haz un géiser 22

Glosario 23

Índice 24

ESPERANDO POR EL AGUA

Escuchas un silbido de **vapor**. El agua hirviente ruge. Un chorro de agua sale disparado por el aire. ¡El Old Faithful está haciendo **erupción**! ¡Este es uno de los géiseres más confiables del mundo!

AGUA
EN EBULLICIÓN

Un géiser se forma cuando las rocas calientes en lo profundo de la Tierra hacen que el agua hierva. El agua se va acumulando en una **reserva**. Cuando hierve, necesita escapar.

El agua pasa por las grietas de la Tierra hasta una pequeña abertura en la superficie. Luego sale disparada hacia arriba.

MAGMA AL ROJO VIVO

Deben darse las condiciones adecuadas para que un géiser se forme. Es por eso que son **raros**. Solo hay unos 1,000 géiseres.

El calor del **magma** hace posible que existan géiseres. También debe haber grietas en el suelo.

géiser de cono

GÉISER CASTLE

géiser de fuente

STROKKUR

GUÍA SOBRE GÉISERES

Existen dos tipos de géiseres. Los géiseres de fuente parecen piscinas de agua. Hacen erupción como en una explosión. Los géiseres de cono son menos violentos. Ellos rocían el agua en chorros regulares.

LUGARES CALIENTES

Cerca de la mitad de los géiseres del mundo están en el Parque Nacional Yellowstone, en Wyoming. Allí se encuentran entre 300 y 500 géiseres activos. En Rusia, Chile, e Islandia también hay muchos géiseres.

VALLE DE LOS GÉISERES, RUSIA

GÉISERES FAMOSOS

El géiser Strokkur en Islandia hace

erupción cada 6 a 10 minutos.

Puede lanzar agua hasta 100

pies (30.5 m) de altura.

GÉISER CASTLE DE YELLOWSTONE

El Old Faithful de Yellowstone hace erupción unas 20 veces al día. Si vas de excursión a Yellowstone, es probable que veas un géiser. ¡Vale la pena esperar para verlos!

ACTIVIDAD: HAZ UN GÉISER

Materiales

Agua	Olla mediana
Papel de aluminio	Embudo de plástico

1. Llena la olla con agua.

2. Coloca el embudo boca abajo en el agua, de modo que el extremo ancho quede en el fondo.

3. Cubre la olla con papel de aluminio, cortando un agujero para hacer el cuello del embudo.

4. Pide a un adulto que te ayude a encender la hornilla donde está la olla y espera a que hierva el agua.

5. ¡Párate a una distancia segura, lejos de la olla, y observa cómo sale el vapor por el cuello del embudo y también el agua!

GLOSARIO

erupción: para los géiseres, volverse activos y lanzar vapor y agua caliente

magma: roca caliente y líquida que está debajo de la superficie de la Tierra

raro: que no se encuentra en grandes cantidades

reserva: un lugar donde se acumula un líquido

vapor: el gas que se forma cuando se calienta el agua

ÍNDICE

Chile **16**

erupciones **4, 9, 15, 19, 21**

géiseres de cono **15**

géiseres de fuente **15**

Islandia **16**

magma **12**

Old Faithful **4, 21**

Parque Nacional Yellowstone **16, 21**

reservas submarinas **7**

Rusia **16**

Strokkur **19**